Abrazándome

LIC. JAVIER D. CHUMBE ROMÁN
Copyright © 2024

ABRAZÁNDOME

SUBTITULO
Guía terapéutica y práctica.
Reconoce tus valores internos y aprende a poner fin a lo que te impide avanzar.
Autor: Lic. Javier D. Chumbe Román
Editora: Natalia Hernández
Dibujos originales por: Lic. Javier D. Chumbe Román
Ilustradora: Isisnachelly Claudio
Revisión: Ivelisse Gómez Guzmán, M.Ed.
Portada: Lic. Javier D. Chumbe Román
Prólogo: Dra. Liz Morales Navedo

Publicación independiente:
Lic. Javier D. Chumbe Román
Teléfono: 939- 439- 7117

 Javier ChRoman

ISBN: 9798324038861

DEDICATORIA

A Delia y Segundo, mis amados padres, quienes con dedicación y nobleza dejaron en mi camino una enorme huella de amor y valor por la vida.

A mis amados hermanos, quienes moran en la eternidad junto a ellos.

A Mery, Susan, Ana, Pamela: mis pilares.

A mi hija Jimena, fortaleza e inspiración de mis pasos.

A mi tía Yolanda, mi corazón y abrazo. A Liz, mi compañía, amor y regazo.

¡Gracias!

AGRADECIMIENTOS

Agradezco al creador el privilegio de existir en este mundo y el don de escribirle a la vida, así como su luz para encontrarlo en cada sonrisa, necesidad y esperanza de cuantos corazones pone en mi camino.

**Gracias,
mi Dios,
mi todo.**

Agradezco profundamente a cada persona que pasó por mi camino, dejando de una u otra manera destellos de búsqueda, lucha, sabiduría y amor. Fueron mis maestros que a través de los años me inspiraron a escribir cada palabra, sentimiento y compromiso, en este anhelado libro dedicado a la vida.

Así mismo, mi inmenso agradecimiento a dos personas que, con gran profesionalismo y comprensión, trabajaron conmigo esta obra, la cual hoy deja de ser un hermoso sueño para ser una esperada realidad:

Natalia Hernández, editora
Isisnachelly Claudio, ilustradora

PRÓLOGO

Les aseguro que las casualidades no existen. Les cuento que mientras yo me había inspirado a escribir un libro durante la pandemia, mi amigo y colega Javier Chumbe también estaba escribiendo el suyo. Más tarde me confirmó que llevaba tiempo escribiéndolo y que la pandemia le brindó la inspiración para terminar. Pero ninguno de los dos sabía nada al respecto.

Javier es un psicólogo muy querido y respetado por su trabajo y por todas las personas que lo hemos conocido, especialmente por sus amistades, sus pacientes y sus compañeros del lugar en el que labora como terapista.

Abrazándome es un libro que realmente te conecta e inspira a redescubrir de qué se trata la vida en sí misma. Mientras me adentraba en cada uno de sus capítulos, experimenté fuertes sensaciones que me inspiraban a practicar todos y cada uno de sus ejercicios. Pareciera que Javier estaba literalmente sentado junto a mí explicándome todas las reflexiones de vida que había plasmado en su libro. Es muy curioso porque, aunque los dos somos psicólogos y yo tengo un estilo muy particular de trabajo, ¿cómo rechazar otras maneras de acompañar la vida, si las experiencias son las que enriquecen el camino? Así fue como me adentré en la lectura.

Me ha encantado su estilo humanista y su técnica de escritura sencilla. El autor nos invita a encontrar las respuestas a nuestras preguntas existenciales. Por esta razón califico este libro como importante y necesario. Si estás buscando otra forma de vivir, déjame decirte que hay muchas maneras y este libro te presenta la gran oportunidad de encontrar la tuya. No hay excusa para no sanar; aquí tienes una oportunidad.

Este libro es el resultado de muchas vivencias a través de los ojos del autor. Todavía hay mucho trabajo que hacer, mucho por descubrir. Necesitamos saber que hay un propósito existencial profundo en todo, y en cada una de las personas existe un gran potencial de encontrarse a sí misma.

Javier, querido amigo, te admiro mucho. Sabes practicar la profesión de psicología con la mente y el corazón. Tener la humildad de compartir lo aprendido es tener éxito. Te considero un gran maestro de la vida.

«**La psicoterapia** es el acto más amoroso
que puedes hacer por otro».
Un curso de milagros

Te felicito por tan importante legado de amor a la humanidad.

Dra. Liz Morales Navedo
Psicóloga

INTRODUCCIÓN

Somos parte del universo, donde todo se manifiesta a través de la energía que se mantiene en vibración. Como participamos de esa creación, tenemos el poder de descubrir en nosotros todas las respuestas y las soluciones, y la capacidad para manejar las tempestades.

La sabiduría y los instrumentos con los que contamos son inmensos, diversos e innatos; nada escapa de ellos y esperan a ser ubicados en la conciencia con el fin de expandirnos y de crear nuevas posibilidades. No somos caminantes en el universo, *somos el universo*.

Vivimos individual y colectivamente, y trabajar por nosotros será tan necesario para nuestro desarrollo energético como lo que hagamos por los demás. Y ese trabajo radica en conocernos. Siempre estaremos expuestos a experimentar cambios, a enfrentar tareas que dirigen nuestro desarrollo y la convivencia con otros. Nada existe a la deriva, todo tiene un *por qué* y un *para qué*.

Gozamos de amplias capacidades para crear y lograr nuestros propósitos, mas es importante cultivar también la *fe*, no para que las cosas sean fáciles, sino para mantener la certeza de que son posibles. La fe nos impulsa, es energía, trae determinación, tanto para quien encuentra su fuente fundamental en un ser omnipotente llamado Dios, como para quien asume la existencia de un ser supremo sin dogmas ni escritos, y para aquel que cree en sí mismo como centro de su existencia y que mantiene como principios la vida misma y sus valores. Lo importante es coincidir en que la vida, como máxima creación, necesita ser amada, valorada, protegida y vivida en libertad; estar de acuerdo en que nuestras sonrisas, dolores y limitaciones son el producto del desarrollo de esa vida, que existen para experimentarla y que no responden al temor.

Busca en ti los instrumentos para luchar contra las adversidades. Bríndate la oportunidad de sonreír a tu existencia, sé capaz de crear tu camino.

Te doy la bienvenida. El objetivo de este libro es que fortalezcamos la relación que tenemos con la vida comprendiendo que en cada uno de nosotros está la responsabilidad de protegerla y amarla. Que crezca la convicción de convertirnos en seres más grandes que nuestros temores y problemas, y de encontrar las herramientas para enfrentar, solucionar e iniciar nuevamente. En este trabajo encontrarás pilares que detallan la vida, cada uno con sus conceptos y reflexiones, los cuales permitirán abrazarte y conocer la fortaleza que existe en ti.

La ventana está abierta.

*Inicia tu viaje por este universo
de palabras.*

*No seas el observador de la obra de tu
vida, sé el protagonista.*

EL ARTE DE LEER Y RESPIRAR

Cuando leemos un libro requerimos un gran nivel de concentración; la mente entra en un estado de atención plena. Por eso, antes de continuar...

Prepárate con una breve respiración ya que el oxígeno es la energía que influye directamente en el trabajo de las células y las neuronas, en donde se gesta el pensamiento para activar la concentración, la creatividad y la relajación.

Busca un lugar cómodo en el que tu percepción se alimente con la información que va a recibir. Puedes acompañar la técnica de respiración inhalando el aroma de un aceite natural, aplicando una o dos gotas en las palmas de tus manos.

Respiración

EJERCICIO 1:

1. Siéntate cómodamente, sin rigidez ni las extremidades cruzadas, y cierra tus ojos suavemente.
2. Respira profundo y lento por la nariz, retén el aire y, muy despacio, cuenta de uno a cuatro.
3. Exhala suavemente por la boca contando de uno a tres.
4. Realiza una respiración más y permanece unos segundos con los ojos cerrados.

*Siente tu paz,
tu tranquilidad y tu compañía.
Estás solamente contigo en tiempo
y espacio.*

Ahora disfruta tu lectura.

CAPÍTULO I

Vida

VIDA

El mayor privilegio

Existir es una sucesión diaria de vivencias conectadas al presente con el fin de crear y resolver. ¡Qué privilegio tener la libertad de trabajar nuestro camino!

Este mundo es una aventura que a veces nos lleva por un río caudaloso y otras por uno calmado, obviamente de manera diferente para cada ser. Es un proceso constante, tanto que cuando creemos tener todas las respuestas, aparecen nuevas preguntas, y por ello debemos fluir con la corriente. Esto no implica debilidad ni condescendencia, sino criterio para determinar lo que somos, creemos y deseamos.

Una vida sin criterio es una mente cabalgando en una sola dirección, muy lejos de los detalles que este mundo provee para fortalecer las emociones. Una mente con criterio es dueña de su presente, capaz de decidir y de actuar, fundamental para vivir pues constantemente estamos renaciendo, buscando caminos, aliviando dolores y resolviendo vacíos... **la vida es hermosa.**

Abre tus ventanas y despliega tus alas.
Vuela al encuentro de tus respuestas.

Tu mejor

relación en este mundo

es con la vida,

Cultiva ese privilegio,

llévate bien con ella.

Protégela.

No solo

se trata de ser

o de existir en el lugar correcto,

sino de afirmarnos con fe

en un **yo soy**.

Esa es nuestra esencia,

de ahí el inicio de grandes cambios y los nuevos

pasos.

Por ello no les hables a tus tormentas,

habla con tu conciencia, con tu **yo**.

¿Sabes...?

Solo quien pierde conoce la derrota,

quien cae al abismo conoce su profundidad,

así mismo, quien no se aferra a su propósito

se pierde cuando el viento azota.

Valora todo lo que encuentres en tu camino

pues te dará sabiduría para leer tus respuestas,

para no ahogarte en tus naufragios

ni buscar refugio fuera de tu corazón.

Tú eres el milagro, eres el camino.

El Todo vive en ti.

Cuán corta es la vida
y nos ahogamos en una gota de lluvia
pudiendo navegar un océano.

Se nos brinda este mundo
para disfrutarlo y conquistarlo,
con las capacidades de sortear
mares tormentosos
y salir de profundos abismos.

No temas dar un paso adelante,
témele a la falta de voluntad y de criterio.

El deseo es que vivas este presente,
anotes tus lecciones
y que tu alma parta en libertad
de vuelta a casa.

Cada amanecer

no es una continuación, sino el inicio de todo;

es el cambio de un día anterior con la experiencia

de este

y la oportunidad de uno nuevo.

Lo grandioso de existir

es que siempre hay un presente

dispuesto para nuestros propósitos y acciones

y para el beso que le damos a nuestro ser.

Solo se trata de vivir

y solo te tienes a ti.

VE A TI

Tienes el poder de cambiar

Un día gris,

Puedes ir más allá de tu celda

Ubicando tus pasos en el ahora

E inclusive siendo el guerrero

De los vacíos y batallas

En tu propio camino.

Solo tú puedes liberarte de tus temores.

Lo que expresan los que luchan:

«A veces siento mi vida tan lejos de mis alegrías, de mis llantos, de mis lamentos... Vivo confundida pues no sé si ella se aleja o soy yo. Cuando logro acercarme me siento como una extraña. No sé qué es más difícil, si padecer, llorar o estar en la lucha de recobrar mi camino sin saber qué pasos dar y hacia dónde, por eso me pregunto qué es la vida».

J. O.

«Con los años he aprendido a vivir, creo que encontré la fórmula. Antes vivía para todos, me estresaba, no dormía, en mis planes estaban todos menos yo. Me sentía muy solo porque ni siquiera podía disfrutar de mis proyectos, ¡es que no los tenía! Era la bondad entregada al mundo. Me costó vivir para mí, tuve que aprender a amarme para luego valorarme, y me llevó un tiempo lograrlo. También tuve que desprenderme de cosas, de personas y hasta de recuerdos. Ahora me siento entregado a mi vida, la disfruto y voy con ella, despierto con alegría».

P. Z.

**La vida es un regalo simplemente ámalo
y valora tu estadía.**

Capitulo II

¿QUIÉN SOY?

¿QUIÉN SOY?

¿Alguna vez te lo preguntaste?

No somos simplemente el ser que observamos a través del espejo o del que otras personas comentan, sino el que habita en nuestro interior, el que se manifiesta y conduce nuestras decisiones y emociones. Por ello es importante conocernos, buscarle sentido a nuestro existir, motivarnos, ir adentro y preguntarnos **¿quién soy?**, **¿cuán cerca estoy de mí?**, **¿qué espero del mundo?** Lo importante es determinar qué podemos hacer por nuestra paz y crecimiento emocional.

Nuestro paso por este camino sin retorno depende de nuestras decisiones, convicciones, fortaleza y sabiduría. Somos los únicos guerreros de nuestras batallas, por lo que es importante valorarnos e impulsarnos cada día. Esta no es una opción, es una necesidad. Existir es un reto constante en el que debemos contar con propósitos que nos motiven e identifiquen con nuestras decisiones.

Somos parte de un universo que nos habla a través de nuestra mente, cuerpo y sucesos; en él nada es inoportuno ni casual, todo es relevante. Escúchalo y actúa con base en tu propio criterio.

Eres lo que deseas ser.
Vuela alto.

Aunque el camino

sea llano o estemos perdidos en el desierto el tiempo continúa su marcha. Es su realidad…O vamos con él o nos quedamos para increparnos luego sobre lo que pudo ser y no fue. Está a nuestra discreción pues somos dueños absolutos de un presente en el que podemos crear, levantarnos y seguir caminando. No solo tenemos el derecho de intentar, sino la obligación de actuar.

No hay otra opción.

Tal vez hoy nuestro ser desea desconectarse de
los planes, del gentío, de «sonreír para el mundo»
y vibrar con su silencio, su paz, su alma.
No siempre estamos para luchar, y
cuando hacemos una tregua con la vida,
cuando tomamos un momento para descansar
y atender nuestras heridas,
cuando dejamos fluir lo que no alimenta
y decidimos sonreír para nosotros,
ahí tenemos un día íntimo,
dedicado a vivir muy lejos…
en algún rincón del universo.

Tu existencia
es un lienzo o una piedra de mármol
impregnados por
la obra de tu vida,
en la que el mañana no es una opción,
puesto que eres el único artista
en un presente de decisiones
y creatividad.
Solo tú tienes los pinceles y el cincel
para crear y tallar la obra de arte **de tu vida**.

No esperes
a que las cosas vengan a tu encuentro,

podrían tardar una vida;

mejor ve tú hacia ellas,

total, **ya te esperan**.

Existes

más allá de tus temores y amaneceres. Este mundo te pertenece, como a todos; no eres ni menos ni más. Ocupa el espacio que te corresponde, asúmelo y sonríe; llegaste con virtud. Disfruta esta aventura y vive para dar amor.

No volverás.

ESTAS AHÍ

Encuéntrate en tu presente

Recuerda, todo es un aprendizaje

E incluso hasta tus sueños.

Solo sé tú, vive y aprende.

Valora el privilegio de tus caídas

Iniciando cada día una obra

Donde el protagonista eres tú.

Abrázate muy fuerte. Estás contigo.

Lo que expresan los que luchan:

«Cuando era pequeña me creía la dueña de mis seres queridos: mi padre, mi madre, hermanos y otros familiares; también lo sentía con mis amiguitos. Era el centro de todos, la reina. Así crecí, me hice dependiente de mis caprichos. Cuando papá murió, mi mundo empezó a caerse. A los cuatro años de viuda mamá volvió a casarse, ya no me pertenecía por completo, luego, uno de mis hermanos se casó y el otro se fue a estudiar. Los perdí. Y también a mis amiguitos. Ya no tenía ese espacio mío, ni sabía quién era; ya no estaban quienes me protegían. Empecé a tener miedos, me encontré con otro lugar con el que ni siquiera me identificaba. Ya no lloraba por capricho, sino por no saber quién era. Aún lloro porque quiero regresar a mi mundo; este no me pertenece».

M. H.

«Muchas veces he sentido que la vida es demasiado pesada; aun así, siempre he pensado que soy el único responsable de ella, que nadie puede ayudarme si caigo, cosa que me ha sucedido varias veces, por lo que me he tenido que levantar como he podido. Me siento bien sabiendo que este ser soy yo. Obviamente mis batallas continúan, pero sé lo que quiero, lo que siento».

O. V.

**Crea en ti las mejores obras
y el mundo también lo será.**

CAPÍTULO III

INSPIRACIÓN

Está en ti

Una vida sin inspiración es como luna llena perdida entre crepúsculos y nubes grises.

No hay momento más liberador que aprovechar ese potencial ilimitado que se encuentra en nuestro ser para conectar con nuestras emociones y sentimientos, despertando sueños, motivaciones, creaciones y sonrisas.

Muchas de las respuestas están en este nivel, ya que la inspiración abre la mente a estímulos emocionales que generan sentimientos positivos o negativos. Si el sentimiento es la montaña, nuestra inspiración podría ser el silencio y el verdor. La tristeza también es una fuente que nos lleva a crear respuestas, a levantarnos si estamos caídos y a dejar ir.

La vida es un presente de lecciones si usamos este don y creamos. Para lograrlo hay que permitirnos disfrutarlo, establecer una relación libre con él, sin temores, cargas ni castigos que nos impidan recibir sus lecciones porque de ello dependen nuestros pasos.

Vivir es una inspiración constante. Levantarnos si caemos, sonreír cuando la felicidad nos toca. Todo hecho será fuente de inspiración, y realmente es un privilegio que le permite a nuestra mente estar en constante producción.

Adelante y que nunca te falte la inspiración en tu vida.

Lo eres todo...

Eres inspiración,
en ti están los instrumentos y las respuestas.
No esperes a que otros tomen decisiones.
Eres un universo.

Busca en tu interior las respuestas
a tus misterios y conquistas,
pero hazlo con convicción y fe en tu existencia.

Si te propones, puedes encontrar más
de lo que alcanzas a ver en ti.
Viniste con poder.

El solo hecho

de amanecer, respirar y ser dueños

de nuestras decisiones, nos hace poderosos.

Lo demás viene por añadidura,

Es que somos la más bella y sabia expresión

del universo. No busquemos más explicación,

actuemos como si **el tiempo pasara.**

El sentido del existir

es la fuerza que estimula nuestro caminar.

Veamos que, más allá de la incertidumbre,

toda prueba es necesaria:

unas fortalecerán nuestros pasos,

otras indicarán cambios necesarios

liberándonos de apegos, zonas de confort y

temores.

Nuestro camino necesita de estímulos

capaces de liberar nuestras sonrisas

y mover montañas.

Soñar

no es un problema;

el problema es dormirnos en el sueño

navegando como bote a la deriva.

Por eso a veces es necesario

ir contracorriente escuchando al universo,

creando el camino,

caminando en él.

Lo importante

no es lo que ves,

sino lo que encuentras más allá de tus ojos.

La mente cuenta historias,

pero son tus decisiones las que crean tu día,

las que escriben tu camino, las que inspiran

tu nuevo amanecer.

SUEÑA TU MUNDO...

Cierra ciclos, empieza aventuras,

Responde a tus emociones,

Enamórate, abrázate,

Ama todo, incluyendo tus caídas y derrotas.

Tú eres la única razón en tu existencia.

Únete firmemente al ser que habita en ti.

Vive a plenitud, canta y sé luz donde estés.

Ilumina tus ideas y tus sueños y ve por ellos.

Dale al mundo lo mejor.

Alcanza el horizonte logrando tus sueños.

Lo que expresan los que luchan:

«De qué me sirve soñar, desear, si la vida no me permite, no me da la oportunidad de ser lo que quiero. Inclusive padezco de una condición nerviosa, eso me quita las ganas hasta de levantarme, pues hoy sé quién soy, pero mañana tal vez ni me reconozca. Soy como un ave, volando sin ganas de detenerme, solo de ser libre. No me interesa pensar en mañana ni soñar. ¿Para qué?».

E. M.

«Las cosas que he logrado no han sido fáciles; he tenido que crear, dibujar en mi alma cuanto detalle fuera necesario para llegar a ellas. He tenido que apartarme del mundo para inspirarme, porque solo si ves tu vida como deseas vivirla es posible lograr tu sueño, tu inspiración. No fue fácil, pero qué orgulloso me siento de mí».

L. Z.

**La vida es una obra de arte.
Haz de tus búsquedas y soluciones la inspiración
que impulse tu creatividad.**

CAPÍTULO IV

Pasado

PASADO

Solo sus lecciones

El pasado es un libro guardado en la biblioteca de nuestro interior. En él están todos los presentes escritos en versos y dramas, imposibles de transfigurar. Si tal vez, en determinado momento, necesitamos visitarlo, que sea con la finalidad de trabajar algún suceso limitante, reestructurándolo con el control del presente mediante la sabiduría, evitando identificarnos con aquello que ya no existe ni tiene estadía.

Es importante tener conciencia en el hoy, donde toda oportunidad o momento agradable sea asumido y disfrutado a plenitud, puesto que muchas vivencias hermosas se convierten en recuerdos nostálgicos, porque no se vuelven a repetir.

Nosotros solo somos producto del pasado, ya caminamos y escribimos en él, nada cambiará este escrito, pero tenemos un presente con libre albedrío, en el que aún estamos trabajando nuestra historia.

¡Adelante!
Abraza tus lecciones y continúa tu camino.

Sin anunciar,

los fantasmas del ayer

aparecen galopando rumbo a tu mente,

trayendo cargas que ya no tienen acción,

pero que retumban al pasar.

No te preocupes ni te descontroles,

ellos viven en el ayer y tú en el presente.

Tienes el control.

No es el mundo

el que nos obliga a caer,

son nuestras indecisiones que vagan inmersas

entre vacíos y oscuridades.

Nosotros decidimos

de qué lado colocamos la moneda.

Las opciones siempre estarán presentes,

aun **al borde del abismo.**

Toda lección

es nuestro sustento de vida,

y muchas dejarán cicatrices

difíciles de borrar, por lo que

solo podemos permitirnos dos cosas:

recordar el suceso de dolor

o aprender de la lección

haciéndola parte de nuestra

sabiduría.

No intentes

enterrar el pasado sin antes abrazarlo;

haz las paces con él, de lo contrario podría volver

y apoderarse de tu presente.

Trabaja en todo aquello que te abrume

y te ate a temores que te impidan

aceptar y perdonar.

Es un buen comienzo para dejar ir

y empezar a recibir.

Conforme

pasa el tiempo

tenemos que aprender a mirar la vida con
sabiduría,

para hacer el camino fácil de transitar

a nuestros pasos. Nadie conoce nuestra ruta

y, sí o sí, **debemos caminarla.**

ABRAZA TUS LECCIONES

Trae lo mejor de tus apuntes

Olvidando dolores y sobresaltos.

Déjalos marchar.

Organiza en tu presente cada enseñanza.

Es que para el universo todo es una lección;

Sabiduría que se nos brinda en cada detalle.

Lucha, sé el guerrero de tus batallas,

Une a tu presente sabiduría y fortaleza,

Zanja todo rencor con tu pasado. **Libérate.**

Lo que expresan los que luchan:

«¿Cómo puedo aceptar al pasado si de él solo tengo cicatrices? Un niño interno que caminó entre tristezas, silencios y castigos. Al que todo el mundo falló y a nadie le importó que se perdiera. Detesto mi pasado. A veces me llama y me da mucho miedo; aun así, he tenido la locura y el deseo de entrar en él para buscarme y abrazarme muy fuerte, pero tengo miedo de perderme».

E. M.

«Más de la mitad de mi vida he vivido en el pasado. A veces despertaba por las mañanas y solo sentía ganas de no levantarme, de seguir envuelto entre mi sábana. Vi pasar muchas oportunidades y personas que se fueron de mi camino. Pero un día desperté y me di cuenta de que la vida se me estaba yendo; empecé a dejar marchar los dolores de mi pasado y aprendí a valorarlos más; dejé de añorarlos. Ahora siento que están llegando cambios a mi vida».

D. C.

**Valora tus recuerdos sin aferrarte a ellos.
Hoy tienes un presente esperando por ti.**

Ejercicio II

Respiración

INSTRUCCIONES

1. Siéntate cómodamente.
2. Inhala lento y profundo.
3. Retén el aire contando hasta cuatro.
4. Ahora exhala suavemente y siente el aire fluir por tu boca.
5. Abrázate con total convicción y dile al ser que habita en ti: **TE AMO.** Disfruta ese abrazo, siente a tu ser interior en toda su inmensidad.

Si lo deseas, puedes acompañar tu técnica de respiración con un aceite esencial.

Relájate continua tu lectura. Disfrútala.

CAPITULO V

Felicidad

FELICIDAD

Tu derecho

Ser feliz es fundamental y depende de nuestros intereses. Es un estado de bienestar y realización emocional que llega de acuerdo con los procesos que se demanden y trabajen. Nadie la tiene comprada ni negada. El elemento básico es la necesidad, la cual incluye retos y compromisos que activan nuestras decisiones, haciéndonos capaces de lograr hazañas.

La felicidad está en nosotros y la única vía que tenemos para cumplirla es el presente, así como la convicción para trabajar en su proceso mediante el compromiso con uno mismo. Claramente la felicidad no se persigue, sino que se construye.

Ser feliz no es un reto, es una ganancia entre propósitos y decisiones.

Continúa este viaje.
Sé feliz y alimenta tu alma...

Todo es un proceso
en nuestro transitar por la vida,

donde la única relación

es con nosotros.

Si estamos bien

nuestro mundo estará bien,

y nuestros propósitos

vencerán los obstáculos.

Ya eres luz.

Si deseas iluminar

tienes que brillar.

De pronto un día te das cuenta
de que ya no te sorprenden las victorias,
de que admiras tu vida
porque trabajaste en ella a tu voluntad.

De que la felicidad no es externa
sino que habita en ti,
y aprendiste a encontrarla
en lo más sencillo.

De pronto un día te das cuenta
de que cientos de abrazos
no son más importantes
que abrazarte **a ti mismo.**

Hoy te empoderaste.
Dijiste «¡basta!» a lo que te ataba al ayer
y te aferraste al amanecer,
a tu fuerza interior;
actuaste con entereza, decisión y convicción.
Qué orgulloso te sentiste siendo tu benefactor;
demostraste que los resultados y cambios
provienen de tus acciones,
que la vida
merece ser vista desde el interior de cada uno,
no desde manuales creados.
Por lo tanto
hoy sonríes para ti.

Si hay algo

de lo que nunca podremos huir es de nuestras falsedades.

La lealtad empieza en nosotros.

No la encontramos, la construimos en nuestro interior.

Empecemos por ser sinceros con nosotros,

asumiendo nuestras discordias internas.

Transformemos nuestra debilidad **en fortaleza.**

La felicidad
no es una meta,
es el encuentro con un sentimiento grato
que llega para desaparecer pronto.
No es negociable ni pide inclusión;
habita en nuestros propósitos y elecciones
para en algún momento
esbozar nuestra sonrisa.

SONRÍE

Tienes a tu discreción el libre albedrío.

Imagina el propósito de tu mejor obra

Entregada a tu presente.

Nada es imposible, tú puedes.

Eres el artista de tus tareas.

Sonríete e inicia tu labor.

Valora el privilegio de crear tu camino.

Invita al amor, la paz y la sabiduría.

Demuestra cuán grande puedes ser

A los ojos de tus temores y conquistas.

Lo que expresan los que luchan:

«Muchas veces siento que la felicidad y la tristeza hacen carrera para ver quién llega primero... Casi siempre, y muy cerca de la meta, veo que la felicidad pierde. Lo cierto es que me quedo con la sensación de verla pasar sin poder abrazarla. Entonces me pregunto en qué consiste ser feliz, si nunca la siento, si no viene a mí».

E. R

«Si hay algo que me ha permitido sentir esos momentos de felicidad que a veces nos regala la vida, es ser sincero conmigo, aceptar mis límites y conocer de lo que soy capaz; así como también comprender las emociones de otras personas. Si la felicidad es solo momentánea, entonces estoy siendo feliz».

L. P.

La capacidad de realizar tus deseos te permite disfrutar de momentos intensos.

CAPÍTULO VI

Temores

TEMORES

Solo están en tu mente

Los temores son instintos comunes o mecanismos de defensa que tienen el objetivo de evitar acontecimientos que pongan en peligro nuestra supervivencia o que nos saquen del confort de una vida sin sobresaltos.

Algunos son cargas de nuestra propia historia que se manifiestan a través de emociones que pueden hasta limitarnos en la realización de las funciones del día a día, y que terminan amenazando nuestra paz mental y nuestro progreso. Pero esos temores también pueden ser gritos de auxilio del niño interno, ese que habita en nosotros, que nos dejó tantos mensajes escritos en el subconsciente y que pide ser abrazado o halagado. Siéntete en armonía con la vida valorando tu existencia.

La mente es esencial, pero no podemos otorgarle el control; a veces es necesario imponerle, tomar el control de ella con fuerza de voluntad y, ¿por qué no?, hablarle, decirle que eres fuerte, que amas la vida y que todo cambio es posible, aun por encima de los temores.

No huyas de tus temores; descúbrelos y continúa tu viaje. ¡Feliz lectura!

Sin duda
eres dueño de tus miedos,
rehén de tus fantasmas,
creador de tus limitaciones,
así como de tus hazañas.
La mente puede controlar
tus impulsos y ser la celda
de su fortaleza,
pero tú **tienes la llave.**

Perdonarte a ti mismo

es la obra más encomiable de sinceridad;

es la comunión con tu ser interno, la cual lo

libera de ciclos que cumplieron su misión y que

dañan tu paz.

Perdonarte es liberar tu fortaleza

para abrazar tus cicatrices y dejar fluir tu ego.

Cuando lo haces el universo **te ilumina.**

Está claro
que nuestras cicatrices no se borrarán,
pero en algún momento
debemos enfrentar los dolores y los temores que
las causaron,
verlas más allá de los lamentos,
reconociendo que entre sus fibras
están escritas muchas lecciones y grabada toda la
sabiduría.
Por lo tanto, ser consecuentes,
ver que ya no somos sus víctimas
sino sus más elevados aprendices
y referentes.

Te preguntas

mirando la montaña

si algún día caminarás sobre su cima.

Recuerda, los grandes caminos

fueron creados en la mente de un soñador

cuando ni existía un trazo,

pero tomó la decisión.

Si deseas caminar tu montaña,

suéñala, siéntela, admírala y ve por ella;

dibuja con convicción el camino a recorrer.

A veces la vida necesita

que seas atrevido pues no siempre

todo camino **será llano.**

No es lo que ves,

sino lo que abrazas

más allá de tus ojos.

La mente cuenta sus historias,

pero son tus decisiones

las que crean tus días,

las que escriben tu camino.

Tú decides.

NO TEMAS

El camino está perdido

Solo si tu mente lo permite.

Trabaja en esa decisión.

Ámate para armonizar tus pensamientos,

Salir de tu silencio y elevar tus alas.

Considera cada una de tus caídas y

Obtén fortaleza de ellas; proponte

Nuevos retos y progresa en ellos.

Tú puedes ser un gigante,

Incluso levantarte cuando caes.

Gánales la partida a tus temores.

Otórgate el poder de ser un triunfador.

Lo que expresan los que luchan:

«Muchos de los errores y fracasos que me arruinan la vida surgen de momento; a veces ni los entiendo, ni los espero, solo suceden. Por eso tengo miedo de intentar cosas nuevas, pues mi cuerpo manifiesta ansiedad, sudor, insomnio y otras cosas. Dicen que tal vez sean mis luchas internas que afloran con sus mensajes traumáticos guardados en mi subconsciente para limitarme. No sé lo que es, pero tengo temor a tener miedo; es una lucha que siempre pierdo. A veces simplemente deseo terminar con todo, no despertar».

S. M.

«Los temores son parte de nuestra vida; sufrí muchas limitaciones por ellos, pero los trabajé mucho en mí. No fue fácil. Aprendí a ver el lado positivo de ellos a tal punto que los considero mis aliados; son el aviso de prevenir y prepararme; son mi intuición. Creo haber tenido la suerte de entender que ellos fueron mis aliados, pues crecí temiéndole a todo y, a la vez, aprendiendo a defenderme de todo».

J. P.

Tienes la capacidad de no limitarte con tus miedos, sino de empoderarte con sus lecciones.

CAPÍTULO VII

Soledad

SOLEDAD

Mi ilusión

No existe un sentimiento único cuando hablamos de la soledad, pues es percibida de manera diferente por cada individuo. Para unos significa tristeza, vacío y hasta desaliento; para otros liberación, inspiración o descanso, e inclusive el tiempo para encontrarse con su ser y conocer el porqué de su existencia. El concepto es amplio y cada uno vive su soledad de acuerdo con sus emociones, decisiones e intereses.

La soledad no es tiempo muerto, es calidad de vida siempre y cuando tengamos los instrumentos y propósitos para entrar y salir de ella con gratitud. Sea cual sea el motivo por el cual la tengamos en frente, seamos receptivos, es su momento, su tiempo y su lugar; nos está brindando la oportunidad de encontrarnos y de escucharnos.

¡Adelante!
Disfruta tu soledad y
camina en este viaje...

Si un día

la soledad te encuentra

invítala a sentarse a tu lado;

escuchará tu pensamiento,

comprenderá tu historia.

Solo respira, siente su aroma,

su silencio, sus palabras.

Abrázate a tus emociones,

tendrás la oportunidad

de conocerte

y liberar tu resistencia.

Caminas

tan lejos de ti, a tal punto

que conoces más al mundo

que a tu ser interno.

Por ello te es imposible socorrerte

cuando la circunstancia obliga

pues careces de fortaleza,

de decisiones y de propósitos,

instrumentos que habitan

en tu **yo** desconocido.

Tienes una vida a tu albedrío

y tu gran responsabilidad es contigo.

Ve a ti, conócete muchas veces.

El ser que habita en nosotros

necesita nuestra atención,

nuestro amor.

La gran amenaza

no está en aquel que te enfrenta,

sino en el vacío que te agobia y apresa.

Podrás luchar contra el mundo

y salir victorioso siempre y cuando

rompas las cadenas que te sumergen

en la profundidad de tus temores.

A veces la mente puede ser

nuestra peor enemiga.

Estás ahí,

eres parte de un todo que abraza al universo

iluminándolo con sabiduría, propósitos y amor.

Aunque tu paso por este sendero sea fugaz,

eres existencia eterna.

Esto no es casualidad;

la vida no se concede sin razón; existes aquí,

actúa como tal: enorme, radiante y poderoso,

no como un ser limitado a sueños y temores.

No eres una casualidad, eres poderoso.

Existes.

Afortunadamente
los momentos duros se pueden revertir,
y los éxitos son resultado de nuestros albedríos.
La vida no quita ni otorga, solo se deja llevar
por quien tiene la disposición de escucharla
y aceptarla como su **gran obra.**

Nunca estarás solo

Tú puedes ir más allá de tus límites.

Únete al Todo con propósitos y acciones.

Camina, que tus pasos conquisten retos

Olvidando silencios y vacíos.

No te derrotes ante una caída;

Toma acción, ¡levántate! Todo es aprendizaje.

Inicia cada acto de tu existencia

Ganando batallas para liberar tus emociones.

Organiza tus días y tus aventuras.

Lo que expresan los que luchan:

«Si hay algo que me atormenta es el silencio, sentirme sola. Como que mi ser se aburre de mí; no soy capaz de sentirme bien conmigo. Cuando estoy sola me siento al fondo de un abismo donde no hay nada, solo estamos yo, mi cansancio y el olor a tierra seca».

M. F.

«Antes me desesperaba por tener compañía, sentía que la vida no podía estar en silencio, creía que el mundo era inmenso y yo solo un pequeño ser. Pero hoy abrazo mi soledad, me refugio y crezco en ella. Fue un proceso en el que tuve que aprender a amar quien soy».

P. C.

**Escuchar tu silencio
tal vez sea un privilegio,
no un castigo.**

CAPÍTULO VIII

Fortaleza

FORTALEZA
Nuestra fuente

El ser humano existe, pese a las hostilidades que se le presentan. Su razón de ser es crear vida en sí mismo y en el mundo que lo acoge.

Cada día es un nuevo reto, por lo que nuestra esencia se manifiesta a través de las capacidades que poseemos y nos protege con vigor, con sabiduría y hasta con humor. Muchas veces nos agobian las adversidades, pero solo nos queda enfrentarlas con fortaleza, dejando que nuestra resiliencia aflore.

Cuando llegan los dolores, las derrotas y las amenazas es necesario resistir y mantenernos firmes. A esto se le llama fortaleza; y obviamente es innata, pero muchas veces no sabemos identificarla. Esta capacidad requiere introspección, que conozcamos nuestras habilidades y nuestras carencias y que desarrollemos la confianza, el coraje y la valentía que nos ayuden a obtener beneficios ante factores estresantes.

El amor propio también es una fuente de fortaleza, pues quien se ama se hace poderoso y es capaz de decirles «**no**» a las amenazas. Si nos amamos nos protegemos, pero muchas personas carecen de esta virtud, por eso su falta de fortaleza, su insensibilidad y su debilidad.

Eres energía. Atrae aquello que te fortalezca.

Vivir

es un atrevimiento.

Nos atrevemos a ser felices,

a levantarnos de nuestras caídas,

a iniciar aventuras, e inclusive

nos atrevemos a amar.

La vida es atreverse cada día,

buscando la fortaleza **en nosotros.**

El valor

de las derrotas no está escrito en tus caídas,

sino en el poder de sus lecciones y en la fortaleza

que te proveen.

Son tu orgullo,

tu poder de vida, la razón de ir por el mundo

a paso iluminado.

Lo cruel de morir

no está en la extinción del cuerpo físico, pues entendemos que es parte del paso hacia la eternidad.

Cruel es la muerte emocional que ata nuestra fuerza sin permitirnos disfrutar

del presente, de las lecciones y del amor.

Solo estamos de paso por este hermoso lugar de lecciones,

en el que hay un camino para vivir

y otro para morir.

No es tanto

cuánto te doblegan,

sino cuánto resistes ante la adversidad;

allí radica tu fortaleza.

Puedes ser más fuerte que el dolor

y hasta caminar en la oscuridad

sin caer en abismos.

Tu fuerza está en la seguridad y el amor

que te brindas. En lo que ves del mundo

más allá de tus ojos.

Quien ama la vida

lo ama todo; quien no,

se perdió entre maleza y lodo

al extremo de este hermoso valle.

El amor inmenso empieza en nosotros;

si nos amamos somos capaces de amar

al mundo y nos hacemos poderosos,

capaces de enfrentar lo que sea necesario

y de decirle **no**

a todo aquello que arremete

contra nuestra identidad y **nuestra existencia.**

ERES...

Protagonista de tu travesía,

Orgullo de tus batallas,

Dueño de tus triunfos y de tus propósitos,

Energía por naturaleza.

Reflejas seguridad en el presente,

Obteniendo paz en tu camino.

Solo crees en tu existencia y en tu poder

Obedeciendo a tus sueños e iniciativas.

Lo que expresan los que luchan:

«¿De qué me vale ser fuerte? Es más, lo fui y ¿qué gané? ¡Nada! No tengo en este momento de mi vida ningún propósito, por lo tanto, ser fuerte o débil no tiene importancia. Podría levantar una roca o de repente no poder levantar ni la pluma de una paloma; en ambos casos no tiene importancia ni genera entusiasmo en mí».

J. C.

«Cuando entendí que ser fuerte era necesario en un mundo de cambios, empecé a cuidar de mí, a no dejar que las cosas influyeran fácilmente en mi vida, a defender mis planes. Aprendí que tenía que luchar para hacer mi mundo; que ser débil es estar muerto».

M. L.

Eres uno entre millones.
Reconoce el poder de ser vida.

CAPÍTULO IX

Actitud

ACTITUD

Eres lo que deseas ser

Vivir es un proceso que debe ser asumido a través de ciertas posturas ya que de ello depende nuestra grandeza.

Una actitud negativa solo nos ofrece **ver la vida pasar**, no permite beneficios, mucho menos nos anima a enfrentar retos, sino que fomenta una baja autoestima, la falta de consecuencia con nuestros deseos y una relación inadecuada con el mundo.

Una actitud positiva, en contraste, permite **ir con el tiempo,** crear estaciones de logros y momentos felices, enfrentar situaciones difíciles, incrementar nuestro optimismo y empatía. Nos da la libertad para manifestarnos teniendo total control emocional. Realmente somos lo que pensamos y la manera en la que actuamos.

La actitud denota experiencia y aprendizaje adquiridos a través de nuestras vivencias.

Los cambios que debes enfrentar
solo los conoces tú.
¡Encuéntralos!

La fórmula
de todos los milagros está en nosotros.
Está en la facultad que tenemos de elevar nuestra conciencia
a la altura de lo deseado y de trabajar
con convicción hasta lograrlo.
Está en no mirar a través de nuestras limitaciones,
sino del poder de nuestra esencia.
Yo puedo.

La oportunidad
más grande
en esta aventura de vida está en el hoy.
No existe ni existirá otra.
El después no construye ni guarda.
Hoy es el momento de activarte, de correr
o de caminar.
Lo importante es no dejar
de actuar.
Solo tenemos un presente
en el que la vida o **se vive o termina.**

No es lo mismo creer que pensar.

Quien cree espera con devoción

los designios para crear sus pasos;

quien piensa busca su camino, crea el milagro,

siente que el poder está en él,

sabe que la creación no se equivocó al brindarle la vida

y decide que, para asumir sus pruebas,

la sabiduría y determinación están en su ser.

Reconoce que el poder de la creación

habita en él.

Cuando te pierdas
en las bajadas oscuras de la montaña,
recuerda que eres luz,
que eres un alma iluminando el camino.
Que los momentos difíciles
son parte del proceso de avanzar,
no existen para impedir tus pasos.
Cuando estés en ese tramo del camino
dile a tu ser interno
«**¡yo puedo. ¡Voy a mí!**».

Con los años
la vida te lleva con más tranquilidad,
permitiéndote apreciar el camino que recorren tus
pasos.
Eres más vulnerable, pero no más débil;
puedes apreciar la fortaleza de un pétalo
y la delicadeza de una roca.
Tu paz no es negociable
y el silencio tu gran confidente.
Con los años descubres que el mayor tesoro
siempre estuvo contigo:
la vida.

Camina contigo

Eleva tu persistencia,

Rompe las cadenas de tu debilidad.

Encontrando lo mejor de ti en cada momento.

Solo tú puedes lograr tus sueños.

Lucha por hacer lo mejor en este sendero,

Un día mirarás atrás y lo verás con satisfacción.

Zambúllete sin temor a las aguas profundas.

Eres poderoso.

Lo que expresan los que luchan:

«Hay una parte de mí que no acepta a mi ser interno, mucho menos sus emociones; siento que las detesta y que tienen un gran conflicto en el cual me siento atrapada. A veces me siento parte de un lado y otras del otro. Es una lucha constante que me desespera y debilita, a tal punto que ni siquiera puedo intentar cambiar porque me atacan con más intensidad».

Y. O.

«A veces cuando la vida golpea no le hacemos caso y así seguimos, hasta que el golpe es tan fuerte que nos duele y nos preocupa. Yo he pasado por estos momentos, me ha dolido tanto que me decía a mí mismo: "tengo que cambiar esta forma de vivir, porque si sigo así me destruiré". Tengo temor y sé que es normal sentirlo, pero soy consciente de que no puedo seguir así y este momento es una oportunidad de hacerlo».

D. R.

**Eres lo que deseas ser.
Eres tus creencias...**

El solo hecho de amanecer, de respirar y de ser dueños de nuestras decisiones nos hace poderosos; lo demás viene por añadidura. Somos la más bella y sabia expresión del universo; no busquemos mayor explicación, actuemos como tal.

UN **CUENTO**

VE CONTIGO POR ESTE SENDERO. ENCUENTRA TU PAZ...

Amor propio incondicional

Mientras la suave brisa juega con su larga y oscura cabellera, el atardecer aún brilla a medio esplendor.

Sus pasos van sin prisa ni sobresaltos sobre la escasa vegetación del camino; no es la primera vez que va por aquel sendero, donde ya se advierte la vetusta y larga pared de adobes por donde cuelgan muchas hojas y de la que se desprende un agradable aroma a jazmín.

Detiene su caminar frente a una puerta de madera envejecida a dos hojas, cuyos listones permiten entrever aquel apacible y extenso jardín al que suele acudir con ella. Sí, porque ella es el ser más importante de su vida, y hoy, como otras veces, tiene una cita consigo misma. Continuando su rutina, empuja suavemente una de las hojas oyendo el breve chillido de las bisagras e ingresa en aquel colorido jardín que parece esperarla como siempre, con su profundo silencio y ese llano de flores multicolores que sobresalen entre las espesas y verdes hojas.

De pronto, una bandada de pájaros multicolores irrumpe en el cálido silencio y, aun así, ni su paz ni su tranquilidad son interrumpidas. Cierra los ojos por unos segundos haciendo una respiración profunda, sintiendo el olor de la naturaleza. Es como integrar su alma con aquel lugar.

Vuelve a abrir los ojos admirando la magia y sus pasos continúan por el empedrado y angosto camino que divide el jardín en dos. Se siente desconectada, libre, en paz, solo ella y su ser caminando jubilosas y tomadas de la mano. El aroma es una mezcla de rosa húmeda con lavanda.

Aunque el camino casi desaparece entre la vegetación, no es un problema, sus pasos siguen firmes entre hierbas y flores hasta llegar a un roble frondoso y anciano que alberga bajo sus ramas un solitario banco de madera en el que se sienta con calma. Está en su espacio y en su tiempo con ella. No está en soledad, está en el lugar y en el momento perfecto para conocerse, para amarse, para agradecerle al universo su paso por este mundo y para ser parte de él.

Decide regresar, no sin antes abrazarse muy fuerte y decirse «**te amo,** gracias por existir» y, por supuesto, toma las resplandecientes rosas amarillas que la acompañan siempre hasta su hogar.

El atardecer aún no culmina, más la noche va manifestándose con su tenue manto; es inherente al día. La puerta antigua se cierra con su leve chillido. En el interior quedan la paz, la armonía y la vida, frutos que la joven sabe cultivar en sí, fortaleciendo su interior, su mundo.

Sobre una mesa clásica de madera con un tejido de lana color púrpura en el centro, un florero blanco y sencillo sostiene varias ramas de rosas amarillas, mientras el atardecer se entrega al ocaso.

PÉTALOS PARA EL ALMA...

No solo se **trata**
de respirar en este mundo, sino de
caminar en él,
de sentirlo tuyo, acariciarlo y **ser parte** de
sus días,
al menos mientras dure **tu privilegio**.

Vivir
es **una sorpresa** constante

escrita en **un presente**

sin preámbulos ni discreción.

Por lo tanto

que nada te amilane ni,

mucho menos, **te impida existir.**

Soledad,

¡qué **altas** son **tus paredes**

que no alcanzo a ver más allá!

¡Qué **inmenso** es **tu cielo**

que **me embriago de su silencio**!

Soledad, **te abrazo**

confiándote mis emociones,

atardeceres y sueños.

Soledad, soledad mía,

tú **me abrazas** y **acurrucas,**

en ti descanso, en ti sueño.

Eres energía

utilizando **un cuerpo,**

vibrando en emociones.

Sé luz en tu camino

y el mundo

será **tu resplandor**.

Ve a **tu mente**
para atraer tus deseos
y el **universo**
se **manifestará**
en **tus logros.**

Las grandes obras
solo **se cristalizan**
con grandes **decisiones,**
grandes **pasos**
y hechos notables.

¿De qué está hecha el alma?
De energía eterna
resplandeciendo por todo el universo;
por eso somos luz.
De la pureza y la sensibilidad
que nos otorga el poder de amar;
por ello somos amor.
De la prolongación cuando termine este
camino;
por eso es eterna, es espíritu,
es parte del Todo.

Una **vida**
atada al ayer
es un **presente naufragando**
a su **albedrío**.

A veces
les permitimos a **los recuerdos**
acercarse tanto,
que hasta **mecen**
la cuna en la que nacimos.

La depresión
no es una sentencia *atada a la soledad,*
mucho menos *a la* **debilidad.**
Es dolor, aviso y diálogo entre el alma
y el universo.
Abraza a quien la padece,
conecta *con su «música»,* **cántala**
y, sobre todo, **compréndela.**

La oscuridad
*Solo **existe en** el reflejo de **tus***
temores.
Eres luz**. Fluye, **que nada impida tu
paso
aun en los lugares más inhóspitos.

Ejercicio III

LAS HOJAS DE MI INTERIOR

Este árbol representa tu vida, tu hoy, tu presente. Y como lo que se escribe permanece, te invito a que lo uses de la siguiente manera:

1. En las hojas que están cayendo, escribe todo aquello que quieres dejar ir, que deseas soltar a partir de este momento.

2. En las hojas que están pegadas de las ramas, escribe eso por lo que quieres luchar, lo que quieres atraer y lo que te comprometes a fortalecer

   ¡Manos a la obra!

Nada es casual

Todo tiene un porqué, y si esta lectura llegó a ti es porque el universo manejó sus destellos hacia ese punto en tu interior en el que tus preguntas naufragan sin respuestas.

Todo tiene una razón. Gracias por permitirte recibir esta luz y por hacerla parte de tu lucha con la convicción de reforzar tu fortaleza y lograr grandes cambios.

Eres creación de ese Todo que ilumina al universo y a la eternidad; eres parte de él, permite que tu alma resplandezca.

Si estás contigo, ¿quién contra ti? Tienes el poder. ¿Quién más para darle vida a tu vida? Ilumina tus decisiones. La vida es un privilegio y tú la tienes.

Gracias, gracias, gracias.
UN ABRAZO

SINOPSIS

Por más que los reveses intentan aplacar nuestro camino, siempre tienen un *porqué* y *para qué*, y traen con ellos otro comienzo, un nuevo amanecer, una manera diferente de vivir.

La vida no es un camino sin salida, es un diario existir, con opciones y propósitos. Por esa razón esta obra nos muestra otra realidad, esa en la que vemos más allá del temor y del confort que nos limitan, reconociendo nuestras capacidades como seres pensantes, serios y decididos a actuar y a reconocer la fortaleza del amor propio, con la finalidad de valorarnos e inspirarnos a luchar cada batalla.

Este trabajo nos lleva a reflexionar en cada uno de sus capítulos, así como a identificarnos y a trabajar desde adentro con el fin de liberar cargas que someten a nuestras emociones.

Siempre será posible una vida diferente si tenemos la convicción para iniciar nuevos caminos. Bríndate la oportunidad.

ALGO DEL AUTOR:

Javier Chumbe Román

Peruano, licenciado en psicología clínica
y residente en Puerto Rico.

Tras años laborando en el área de la salud mental,
vivenciando y comprendiendo las cargas emocionales de los
pacientes, se acentuaron en él el respeto y el valor por la
vida, así como la obligación de cultivarla y protegerla.

Motivado y agradecido por su cálida infancia en la que junto
a sus padres y hermanos brindaban servicios humanitarios a
la gente necesitada.

Actualmente comparte ese proyecto, comprometido con su
crecimiento personal y universal, creando reflexión por
diversas partes del mundo, a través de su campo laboral y la
amplitud de sus redes sociales, <un mundo con amor es un
lugar con más posibilidades de vida y desarrollo>.

CONTENIDO:

Abrazándome

Lic. Javier Chumbe Román

Made in the USA
Columbia, SC
25 July 2024

38997508R00074